Der Sommer macht den Menschen zum Träumer.

Paul Keller

W0214003

Inhalt

Rezeptinfos

5 **SmartPoints Wert pro Person / Glas / Stück**

Fertig in
Hier sind alle Vorbereitungsschritte, Marinier-, Gar- und Backzeiten eingerechnet.

Davon aktiv
Diese Zeitangabe sagt dir, wie lange du wirklich mit Schnippeln und Rühren beschäftigt bist.

vegetarisch

vegan

glutenfrei

laktosefrei

nussfrei

So geht's
QR-Code scannen und Einkaufslisten entdecken.

Amélie R.
Aysun C.
Alex W.
Rachel L.
WW Teilnehmer

Teile Wellness mit deiner Welt.

Ganz gleich, ob es um bessere Ernährung, mehr Bewegung, dein Wohlbefinden oder Abnahme geht – WW steht für Wellness und einen gesünderen Lebensstil.

Wellness that Works.™

WW®

Leckeres für laue Sommerabende

Geschmortes Zitronenhähnchen mit Zucchinigemüse

Für 2 Personen **Fertig in 35 Min.** **Davon aktiv 20 Min.**

2 Zwiebeln
1 unbehandelte Zitrone
3 Zweige Thymian
2 Hähnchenbrustfilets (à 120 g)
2 Zucchini
100 g trockener Langkornreis
Salz, Pfeffer
2 TL Olivenöl
300 ml Gemüsebrühe (1 1/2 TL Instantpulver)
1 EL Weißweinessig
1 TL Mehl
2 EL Wasser

1 Zwiebeln schälen und in Streifen schneiden. 1/2 TL Zitronenschale abreiben und Zitrone auspressen. Thymian waschen und trocken schütteln. Hähnchenbrustfilets abspülen und trocken tupfen. Zucchini waschen und in Stifte schneiden.

2 Reis nach Packungsanweisung in Salzwasser garen. 1 TL Öl in einem Topf auf mittlerer Stufe erhitzen und Zwiebelstreifen darin 2–3 Minuten anschwitzen. Mit Brühe und Zitronensaft ablöschen, Hähnchenbrustfilets mit Thymian und Zitronenschale dazugeben und mit Deckel ca. 15 Minuten köcheln lassen.

3 Restliches Öl in einer Pfanne auf mittlerer bis hoher Stufe erhitzen, Zucchinistifte darin 3–4 Minuten anbraten, mit Essig ablöschen, mit Salz und Pfeffer würzen und ca. 2 Minuten köcheln lassen.

4 Hähnchenbrustfilets aus dem Sud heben. Mehl mit Wasser anrühren, zum Sud geben, kurz aufkochen lassen und Hähnchenbrustfilets darin kurz erwärmen. Zitronenhähnchen mit Salz und Pfeffer abschmecken und mit Zucchinigemüse, Reis und Sauce servieren.

7 SmartPoints Wert 1821 kJ | 435 kcal

So geht's auch

Für mehr Farbe auf dem Teller kannst du auch roten Reis verwenden, z. B. den roten Camargue Reis. Die rote Farbe entsteht durch den Anbau auf tonhaltigen Böden.

BBQ-Steaks mit Gemüse

Für 6 Personen   Fertig in 25 Min.   Davon aktiv 25 Min.

500 g grüner Spargel
2 Zucchini
1 gelbe Paprika
200 g Cocktailtomaten
6 Rindersteaks (à 150 g)
2 TL Olivenöl
Salz, Pfeffer
2 EL körniger Senf

1 Spargel waschen, das untere Drittel schälen und Spargel halbieren. Zucchini waschen und schräg in Scheiben schneiden. Paprika waschen, entkernen und in Spalten schneiden. Tomaten waschen.

2 Rindersteaks trocken tupfen, mit Öl bestreichen und mit Salz und Pfeffer würzen. Steaks auf dem Rost 2–3 Minuten von jeder Seite grillen und in Alufolie gewickelt ca. 5 Minuten ruhen lassen.

3 Gemüse auf dem Rost 3–4 Minuten rundherum grillen, salzen und pfeffern. BBQ-Steaks mit Gemüse und Senf servieren.

3 SmartPoints Wert 982 kJ | 235 kcal

Dazu passt ...

... eine leichte Grillsauce. Versuche doch mal die WW BBQ Sauce für 0 SmartPoints.

Capellini mit Lachswürfeln und Broccoli

Für 2 Personen Fertig in 20 Min. Davon aktiv 20 Min.

500 g Broccoli
Salz, Pfeffer
120 g trockene Capellini
200 g Lachsfilet
1 TL Mehl
1 TL Rapsöl
100 ml Gemüsebrühe
(1/2 TL Instantpulver)
2 TL Schmand
1 TL Schnittlauchringe

1 Broccoli waschen, in kleine Röschen teilen und in Salzwasser ca. 6 Minuten garen. Nudeln ca. 3 Minuten vor Ende der Garzeit dazugeben und mitgaren. Lachs abspülen, trocken tupfen, würfeln und in Mehl wenden.

2 Öl in einer Pfanne auf hoher Stufe erhitzen, Lachswürfel darin 5–6 Minuten rundherum braten, mit Salz und Pfeffer würzen und herausnehmen. Bratensatz mit Brühe ablöschen, Schmand einrühren und ca. 2 Minuten köcheln lassen.

3 Broccoliröschen mit Nudeln abgießen, zur Sauce geben, mit Schnittlauch verfeinern und mit Salz und Pfeffer abschmecken. Lachswürfel daraufgeben und kurz erwärmen. Capellini mit Lachswürfeln und Broccoli servieren.

7 SmartPoints Wert 2251 kJ | 538 kcal

Das spart Zeit!

Capellini sind besonders dünne Spaghetti, die schon innerhalb von 3 Minuten garen.

Gegrilltes Gemüse mit Halloumi

Für 8 Personen Fertig in 30 Min. Davon aktiv 25 Min.

3 große Zucchini
500 g grüner Spargel
1 Zitrone
180 g Halloumi, 45 % Fett i. Tr.
2 TL Olivenöl
1 EL Dukkah Gewürz-Nuss-Mischung
1 EL Schnittlauchringe

1 Zucchini waschen und längs in Scheiben schneiden. Spargel waschen und das untere Drittel schälen. Zitrone halbieren. Halloumi in Scheiben schneiden.

2 Zucchinischeiben und Spargel mit 1 TL Öl bestreichen und auf dem Rost 3–5 Minuten rundherum grillen. Zitronenhälften mit der Schnittfläche nach unten auf dem Rost 2–3 Minuten grillen. Spargel und Zucchinischeiben auf einer Platte anrichten und eine Zitronenhälfte darüber auspressen.

3 Halloumi mit restlichem Öl bestreichen und auf dem Rost 1–2 Minuten von jeder Seite grillen. Restliche Zitronenhälfte darüber auspressen, zum Gemüse geben und mit Dukkah und Schnittlauch garnieren. Gegrilltes Gemüse mit Halloumi servieren.

3 SmartPoints Wert 522 kJ | 125 kcal

Dukkah ...

... ist eine orientalische Würzmischung aus Nüssen, Kernen und verschiedenen Gewürzen. Klassisch wird sie mit Olivenöl und Brot serviert, eignet sich aber auch hervorragend zum Verfeinern von Salaten, Fleisch und Fisch. Du bekommst sie in vielen Gewürz-Onlineshops.

Riesengarnelen nach portugiesischer Art

Für 4 Personen Fertig in 25 Min. Davon aktiv 20 Min.

1 Schalotte
1 rote Chilischote
1/2 unbehandelte Limette
1/2 Bund Petersilie
2 EL Tomatenmark
125 ml Gemüsebrühe
(1/2 TL Instantpulver)
1 TL Paprikapulver
Salz, Pfeffer
400 g küchenfertige Riesengarnelen

1 Schalotte schälen und in Würfel schneiden. Chilischote waschen, entkernen und in Ringe schneiden. 1/2 TL Limettenschale abreiben und Limettenhälfte auspressen. Petersilie waschen, trocken schütteln und hacken. Für die Sauce Chiliringe mit Schalottenwürfeln, Limettenschale, -saft, Tomatenmark, Brühe, Paprikapulver, Salz und Pfeffer verrühren.

2 Garnelen abspülen, trocken tupfen und mit Sauce und Petersilie vermengen. Garnelen auf 4 Stücke Alufolie (ca. 20 x 30 cm) verteilen und jeweils zu Päckchen verschließen. Garnelenpäckchen auf dem Rost 10–15 Minuten grillen und Riesengarnelen nach portugiesischer Art servieren.

0 SmartPoints Wert 436 kJ | 104 kcal

So schmeckt's auch

Serviere die Garnelen z. B. mit der Grillgemüse-Schafskäse-Tarte von Seite 20.

Putenschnitzel mit Süßkartoffelwürfeln und Kohlrabisalat

Für 2 Personen Fertig in 30 Min. Davon aktiv 25 Min.

260 g Süßkartoffeln
Salz, Pfeffer
2 Kohlrabi
240 g Putenschnitzel
1 TL Rapsöl
3 EL saure Sahne
1/4 TL Currypulver
1/2 TL Limettensaft
3 EL Weißweinessig
1 TL Zucker
1 TL Schnittlauchringe

1 Backofen auf 200° C (Gas: Stufe 3, Umluft: 180° C) vorheizen. Süßkartoffeln schälen, in Würfel schneiden und auf einem mit Backpapier ausgelegten Backblech verteilen. Mit Salz und Pfeffer würzen und im Backofen auf mittlerer Schiene ca. 20 Minuten backen.

2 Kohlrabi schälen und in dünne Stifte schneiden. Putenschnitzel abspülen, trocken tupfen und in Stücke schneiden. Öl in einer Pfanne auf hoher Stufe erhitzen, Putenschnitzelstücke darin 4–5 Minuten von jeder Seite braten und mit Salz und Pfeffer würzen.

3 Für den Dip saure Sahne mit Currypulver, Limettensaft und Salz verrühren. Für das Dressing Essig mit Zucker, Schnittlauch, Salz und Pfeffer verrühren. Kohlrabistifte mit Dressing vermischen. Putenschnitzel mit Süßkartoffelwürfeln, Currydip und Kohlrabisalat servieren.

7 SmartPoints Wert 1740 kJ | 416 kcal

Grillgemüse-Schafskäse-Tarte

Für 4 Personen Fertig in 70 Min. Davon aktiv 30 Min.

400 g Süßkartoffeln
1 kleine rote Zwiebel
je 1 kleine rote und gelbe Paprika
1 große Zucchini
einige Blätter Basilikum
2 TL Olivenöl
2 Knoblauchzehen
35 g getrocknete Tomaten ohne Öl
75 g Schafskäse, 25 % Fett i. Tr.
6 Blätter Filoteig (Frischprodukt, à 25 g)
2 EL Pesto verde

1 Backofen auf 200° C (Gas: Stufe 3, Umluft: 180° C) vorheizen. Süßkartoffeln schälen, in Würfel schneiden, auf einem mit Backpapier ausgelegten Backblech verteilen und im Backofen auf mittlerer Schiene ca. 15 Minuten backen.

2 Zwiebel schälen und in Spalten schneiden. Paprika und Zucchini waschen, Paprika entkernen und mit Zucchini in Stücke schneiden. Basilikum waschen und trocken schütteln. Zucchini-, Paprikastücke und Zwiebelspalten zu den Süßkartoffelwürfeln geben, mit 1 TL Öl beträufeln und weitere ca. 20 Minuten garen.

3 Knoblauch in dünne Scheiben und Tomaten in Streifen schneiden. Schafskäse zerbröseln. Filoteigblätter mit restlichem Öl bestreichen, übereinanderlegen und auf ein mit Backpapier ausgelegtes Backblech geben. Mit Pesto bestreichen, dabei einen ca. 3 cm breiten Rand rundherum frei lassen.

4 Ofengemüse, Tomatenstreifen, Knoblauchscheiben und Schafskäsebrösel darauf verteilen, die Teigränder dabei einschlagen. Grillgemüse-Schafskäse-Tarte im Backofen auf mittlerer Schiene 20–25 Minuten backen und mit Basilikum garniert servieren.

10 SmartPoints Wert 1500 kJ | 359 kcal

Tipp

Serviere die Tarte mit einer Pflücksalatmischung und dem Himbeerdressing vom Klapper des Buchumschlags.

Schweinefiletspieße mit Honig-Senf-Marinade

Für 4 Personen **Fertig in 35 Min.** **Davon aktiv 35 Min.**

140 g trockener Couscous
185 ml Gemüsebrühe
(1 TL Instantpulver)
150 g Zuckererbsenschoten
200 g grüne Bohnen
Salz, Pfeffer
200 g Cocktailtomaten
1 EL Weißweinessig
1 kleine rote Zwiebel
1 unbehandelte Zitrone
je 1/2 rote und grüne Paprika
400 g Schweinefilet
1 EL körniger Senf
1 EL Honig
1 EL Schnittlauchringe
2 EL Zitronensaft

1 Für den Salat Couscous nach Packungsanweisung in Brühe garen und abkühlen lassen. Zuckererbsenschoten und Bohnen waschen, in Stücke schneiden, in kochendem Salzwasser ca. 6 Minuten garen, abgießen und abschrecken. Tomaten waschen und vierteln. Couscous mit Zuckererbsenschoten-, Bohnenstücken, Tomatenvierteln und Essig vermischen und mit Salz und Pfeffer abschmecken.

2 Zwiebel schälen und mit Zitrone jeweils in 8 Spalten schneiden. Paprika waschen, entkernen und in ca. 3 cm große Stücke schneiden. Schweinefilet trocken tupfen und in ca. 3 cm große Würfel schneiden. Für die Marinade Senf mit Honig, Schnittlauch, Zitronensaft und Salz verrühren.

3 Schweinefiletwürfel abwechselnd mit Paprikastücken, Zwiebel- und Zitronenspalten auf 8 Spieße stecken und mit Pfeffer würzen. Schweinefiletspieße auf dem Rost 5–6 Minuten rundherum grillen, dabei am Ende der Grillzeit mit etwas Marinade bestreichen. Schweinefiletspieße mit restlicher Marinade beträufeln und mit Couscoussalat servieren.

6 **SmartPoints Wert** 1325 kJ | 317 kcal

Heilbutt mit Zitronensauce und Ofenspargel

Für 2 Personen   Fertig in 30 Min.   Davon aktiv 25 Min.

1 unbehandelte Zitrone
500 g weißer Spargel
2 TL Olivenöl
1 Tomate
1 EL Weißweinessig
1/2 TL gehackter Estragon
Salz, Pfeffer
2 weiße Heilbuttfilets (à 125 g)
2 TL Halbfettmargarine
1 TL Mehl
150 ml fettarme Milch

1 Backofen auf 200° C (Gas: Stufe 3, Umluft: 180° C) vorheizen. 1/2 TL Zitronenschale abreiben und Zitrone auspressen. Spargel schälen und die holzigen Enden abschneiden. Spargel in einen Bratschlauch geben, mit 1 EL Zitronensaft und 1 TL Öl beträufeln und Bratschlauch verschließen. Spargel im Backofen auf unterer Schiene ca. 20 Minuten backen.

2 Für das Topping Tomate waschen und entkernen. Tomate fein würfeln und mit Essig, Estragon, Salz und Pfeffer verrühren. Heilbuttfilets abspülen und trocken tupfen. Restliches Öl in einer Pfanne auf mittlerer bis hoher Stufe erhitzen, Heilbuttfilets darin 2–3 Minuten von jeder Seite braten und mit Salz und Pfeffer würzen.

3 Für die Sauce Margarine in einem Topf auf mittlerer Stufe schmelzen, mit Mehl bestäuben, kurz anschwitzen, unter Rühren mit Milch ablöschen und ca. 2 Minuten köcheln lassen. Sauce mit Zitronenschale und 1 EL Zitronensaft verfeinern und mit Salz und Pfeffer abschmecken. Heilbutt mit Zitronensauce, Ofenspargel und Tomatentopping garniert servieren.

4 SmartPoints Wert   1218 kJ | 291 kcal

Gemüseburger mit Kartoffelscheiben und Caesar Salad

Für 2 Personen **Fertig in 50 Min.** **Davon aktiv 45 Min.**

1 kleine Scheibe Vollkorntoast
75 g Magermilchjoghurt
1 EL Zitronensaft
2 Sardellenfilets in Salzlake
2 TL Senf
3 EL geriebener Parmesan
Salz, Pfeffer
2 kleine Römersalatherzen
500 g festkochende Kartoffeln
1 Pastinake
1 Karotte
1 Eigelb (Größe M)
1 TL Paprikapulver
1 TL Rapsöl
1 Tomate
1 kleine rote Zwiebel
1 Gewürzgurke
1 EL kalorienreduzierter Ketchup

1 Für die Croûtons Toast in kleine Würfel schneiden und fettfrei in einer Pfanne auf mittlerer Stufe 2–3 Minuten rundherum rösten. Für das Dressing Joghurt mit Zitronensaft, Sardellenfilets, 1 TL Senf und der Hälfte des Parmesans pürieren und mit Salz und Pfeffer abschmecken. Salat waschen, trocken schleudern, 2 Blätter abtrennen und restlichen Salat in Streifen schneiden.

2 Backofen auf 180° C Umluft (Ober-/Unterhitze nicht empfehlenswert) vorheizen. Kartoffeln schälen, in dünne Scheiben schneiden und auf zwei mit Backpapier ausgelegten Backblechen verteilen.

3 Für die Burger Pastinake und Karotte schälen, raspeln, mit Eigelb, restlichem Parmesan, Salz und Pfeffer vermengen und zu 2 Patties formen. Kartoffelscheiben mit Salz, Pfeffer und Paprikapulver würzen und im Backofen auf mittlerer Schiene 8–12 Minuten backen.

4 Öl in einer Pfanne auf mittlerer Stufe erhitzen und Gemüsepatties darin 5–6 Minuten von jeder Seite braten. Tomate waschen und in Scheiben schneiden. Zwiebel schälen und in Ringe schneiden. Gewürzgurke längs in Scheiben schneiden.

5 Gemüsepatties auf die Salatblätter setzen, mit Ketchup und restlichem Senf bestreichen und mit Tomaten-, Gewürzgurkenscheiben und Zwiebelringen belegen. Für den Caesar Salad Salatstreifen mit Dressing vermischen und mit Croûtons bestreuen. Gemüseburger mit Kartoffelscheiben und Caesar Salad servieren.

9 **SmartPoints Wert** 1768 kJ | 423 kcal

Rosmarin-Lamm-Spieße

Für 4 Personen   Fertig in 20 Min.   Davon aktiv 20 Min.

8 große Rosmarinzweige
8 Lammfilets (à 60 g)
200 ml Gemüsebrühe
(1 TL Instantpulver)
2 TL Olivenöl
4 getrocknete Pflaumen
Salz, Pfeffer

1 Rosmarinzweige waschen, trocken schütteln und Nadeln abzupfen, dabei einige Nadeln an der Spitze stehen lassen und die Enden der Zweige mit einem Messer anspitzen. Lammfilets trocken tupfen, gegebenenfalls flacher klopfen und auf die Rosmarinzweige spießen.

2 1 TL Rosmarinnadeln hacken, mit Brühe, Öl und Pflaumen pürieren und mit Salz und Pfeffer würzen. Rosmarin-Lamm-Spieße auf dem Rost 4–5 Minuten rundherum grillen und dabei mit Pflaumenglasur bestreichen. Rosmarin-Lamm-Spieße servieren.

4 SmartPoints Wert 804 kJ | 192 kcal

Dazu passt ...

... der Reissalat von Seite 88. Lasse einfach wie im Tipp beschrieben die Steakstreifen weg.

Hähnchen-Nudeln mit Gemüse

Für 2 Personen Fertig in 25 Min. Davon aktiv 15 Min.

100 g trockene Linguine
Salz, Pfeffer
150 g Broccoli
1 Zwiebel
1 rote Paprika
200 g Hähnchenbrustfilet
1 TL Rapsöl
einige Blätter Basilikum

1 Nudeln nach Packungsanweisung in Salzwasser garen. Broccoli waschen, in Röschen teilen und ca. 2 Minuten vor Ende der Garzeit zu den Nudeln geben. Nudeln samt Broccoli abgießen.

2 Zwiebel schälen. Paprika waschen, entkernen und mit Zwiebel in Streifen schneiden. Hähnchenbrustfilet abspülen, trocken tupfen und in Streifen schneiden.

3 Öl in einer Pfanne auf mittlerer bis hoher Stufe erhitzen und Hähnchenbruststreifen darin 3–4 Minuten braten. Paprika- und Zwiebelstreifen zugeben und weitere 2–3 Minuten braten. Nudeln samt Broccoli dazugeben und 1–2 Minuten erwärmen.

4 Basilikum waschen und trocken schütteln. Hähnchen-Nudeln mit Salz und Pfeffer abschmecken, mit Basilikumblättern bestreuen und servieren.

6 SmartPoints Wert 1527 kJ | 365 kcal

Go vegan

Tausche das Hähnchenbrustfilet einfach gegen gewürfelten Tofu aus. Die SmartPoints ändern sich nicht.

Warmer Lammsalat mit Minzpesto

Für 4 Personen Fertig in 45 Min. Davon aktiv 35 Min.

1 unbehandelte Zitrone
2 Knoblauchzehen
1 TL getrockneter Oregano
500 g Lammfilet
1 EL gehackte Mandeln
1 Handvoll Minze
1 EL Olivenöl
80 g Rucola
250 g Cocktailtomaten
80 g Schafskäse, 25 % Fett i. Tr.
2 rote Paprika
50 g entsteinte schwarze Oliven in Lake
4 Scheiben Baguette

1 2 TL Zitronenschale abreiben und 2 TL Zitronensaft auspressen. Knoblauch pressen. Für die Kräutermarinade Zitronenschale, die Hälfte des Knoblauchs und Oregano mischen. Lammfilet trocken tupfen, in Kräutermarinade wenden und ca. 20 Minuten kalt stellen.

2 Für das Pesto Mandeln fettfrei in einer Pfanne auf niedriger bis mittlerer Stufe 2–3 Minuten rösten. Minze waschen und trocken schütteln. Mandeln mit Minze, Zitronensaft, Öl und restlichem Knoblauch pürieren. Rucola waschen und trocken schleudern. Tomaten waschen und halbieren. Schafskäse zerbröseln.

3 Paprika waschen, entkernen und in dicke Streifen schneiden. Paprikastreifen auf dem Rost ca. 5 Minuten von jeder Seite grillen. Lammfilets auf dem Rost ca. 5 Minuten rundherum grillen und in dünne Tranchen schneiden.

4 Rucola mit Paprikastreifen und Tomatenhälften auf einer Platte anrichten. Lammtranchen, Oliven und Schafskäse darauf verteilen, mit Pesto beträufeln und warmen Lammsalat mit Baguette servieren.

8 SmartPoints Wert 1565 kJ | 374 kcal

Crispy

Wer es gern knusprig mag legt die Baguettescheiben auch kurz auf den Rost. Aber Vorsicht: sie verbrennen schnell.

Spinat-Pfannkuchen mit Rinderfiletstreifen

Für 2 Personen Fertig in 30 Min. Davon aktiv 30 Min.

100 g Blattspinat
80 g Dinkelmehl
1 Ei (Größe M)
100 ml entrahmte Milch
Salz, Pfeffer
1 Handvoll Rucola
2 Gewürzgurken
150 g Cocktailtomaten
100 g Frischkäse, bis 5 % Fett absolut
1 TL Honig
2 TL körniger Senf
160 g Rinderfilet
2 TL Rapsöl
1 TL gehackter Thymian

1 Spinat waschen, trocken schleudern, mit Dinkelmehl, Ei, Milch, Salz und Pfeffer pürieren und ca. 10 Minuten quellen lassen. Rucola waschen und trocken schütteln. Gewürzgurken in Scheiben schneiden. Tomaten waschen und halbieren. Für die Creme Frischkäse mit Honig, Senf, Salz und Pfeffer verrühren. Rinderfilet trocken tupfen und in Streifen schneiden.

2 1 TL Öl portionsweise in einer Pfanne auf mittlerer Stufe erhitzen und aus dem Teig darin nacheinander 2 Pfannkuchen backen, dabei 2–3 Minuten von jeder Seite braten. Restliches Öl in einer Pfanne auf hoher Stufe erhitzen, Rinderfiletstreifen darin 4–5 Minuten rundherum braten, mit Salz und Pfeffer würzen und mit Thymian verfeinern.

3 Pfannkuchen mit Creme bestreichen, jeweils mit Rucola, Gewürzgurkenscheiben, Tomatenhälften und Rinderfiletstreifen belegen, zusammenklappen und Spinat-Pfannkuchen servieren.

10 SmartPoints Wert 1826 kJ | 437 kcal

Mehr Abwechslung?

Verwende anstatt Rinderfilet doch mal Schweineschnitzel. Die SmartPoints bleiben gleich.

Kalbsfrikassee mit grünem Spargel und Zuckerschoten

Für 2 Personen Fertig in 50 Min. Davon aktiv 40 Min.

300 g grüner Spargel
200 g Zuckererbsenschoten
360 g Kalbsfilet
100 g trockener Langkornreis
Salz, Pfeffer
250 ml Gemüsebrühe
(1 TL Instantpulver)
2 EL Halbfettmargarine
2 EL Mehl
200 ml ungesüßter Sojadrink
2 EL gehackte Petersilie

1 Spargel waschen, das untere Drittel schälen und Spargel in Stücke schneiden. Zuckererbsenschoten waschen und halbieren. Kalbsfilet trocken tupfen und in Würfel schneiden. Reis nach Packungsanweisung in Salzwasser garen.

2 Einen Topf auf mittlerer Stufe erhitzen, Kalbsfiletwürfel darin mit 2 EL Brühe ca. 5 Minuten dünsten und herausnehmen. Restliche Brühe im Topf aufkochen und Spargelstücke darin mit Deckel 5–8 Minuten garen. Zuckererbsenschotenhälften ca. 3 Minuten vor Ende der Garzeit zufügen und mitgaren. Gemüse abgießen und dabei den Sud auffangen.

3 Margarine in einem Topf schmelzen. Mehl darin anschwitzen, unter Rühren mit Sud ablöschen und aufkochen. Sojadrink einrühren, Kalbsfiletwürfel unterheben und ca. 5 Minuten köcheln lassen. Spargelstücke und Zuckererbsenschotenhälften zufügen und erhitzen. Kalbsfrikassee mit Petersilie verfeinern, mit Salz und Pfeffer abschmecken und mit Reis servieren.

12 SmartPoints Wert 2538 kJ | 607 kcal

Heute mal veggie

Ersetze das Kalbsfilet durch 200 g kleine Broccoliröschen, die du mit dem restlichen Gemüse zusammen garst. Die SmartPoints reduzieren sich auf 10.

Gebratener Tintenfisch mit Salatmix

Für 4 Personen Fertig in 40 Min. Davon aktiv 30 Min.

800 g küchenfertige Tintenfischtuben
8 Blätter Eisbergsalat
6 Mini-Salatgurken
1 Frühlingszwiebel
200 g Avocadofruchtfleisch
150 g Sojasprossen
1 unbehandelte Zitrone
1 1/2 TL Meersalz
2 TL gemahlener bunter Pfeffer
1/4 TL Chiliflocken
1/2 TL chinesisches 5-Gewürze-Pulver
1 EL Olivenöl
1 TL Fischsauce

1 Tintenfischtuben abspülen, trocken tupfen, mit einem Messer öffnen, in 4 cm große Stücke schneiden und das Innere kreuzförmig einritzen.

2 Salat waschen, trocken schleudern und in mundgerechte Stücke zerteilen. Gurken waschen und in Spalten schneiden. Frühlingszwiebel waschen und schräg in feine Ringe schneiden. Avocadofruchtfleisch in Spalten schneiden.

3 Sojasprossen waschen und abtropfen lassen. Zitrone in Spalten schneiden. Salatstücke mit Gurkenspalten, Frühlingszwiebelringen, Avocadospalten, Sojasprossen und Zitronenspalten auf einem Teller anrichten.

4 Tintenfischstücke mit Salz, Pfeffer, Chiliflocken und 5-Gewürze-Pulver vermengen. Öl portionsweise in einer Pfanne auf hoher Stufe erhitzen, Tintenfischstücke darin nacheinander ca. 3 Minuten rundherum braten und mit Fischsauce beträufeln. Tintenfischstücke auf dem Salat anrichten und gebratenen Tintenfisch mit Salatmix sofort servieren.

5 SmartPoints Wert 1652 kJ | 395 kcal

Kabeljau mit Currycreme

Für 4 Personen   Fertig in 25 Min.   Davon aktiv 25 Min.

1 TL gehackter Thymian
1 TL Olivenöl
4 Kabeljaufilets (à 125 g)
Salz, Pfeffer
1/2 unbehandelte Orange
2 EL Schmand
1 TL Kurkuma
1/2 TL Paprikapulver
1/4 TL Kreuzkümmel
1/4 TL Currypulver

1 Thymian mit Öl verrühren. Kabeljaufilets abspülen, trocken tupfen, mit Salz und Pfeffer würzen und mit Thymianöl bestreichen. Für die Currycreme 1 Msp. Orangenschale abreiben und Orangenhälfte auspressen.

2 Die Hälfte des Orangensaftes mit Orangenschale, Schmand, Kurkuma, Paprikapulver, Kreuzkümmel, Currypulver, Salz und Pfeffer verrühren. Kabeljau in der Grillschale 5–6 Minuten von jeder Seite grillen und mit Currycreme servieren.

1 SmartPoints Wert   570 kJ | 136 kcal

So schmeckt's auch

Hierzu kannst du z. B. das Gemüse vom BBQ-Steak **auf Seite 11** **zubereiten.**

Mini-Pesto-Pizzen

Für 6 Stück Fertig in 2 Std. 10 Min. Davon aktiv 45 Min.

1/2 Würfel Hefe
1/2 TL Zucker
80 ml lauwarmes Wasser
180 g Mehl
1/2 TL Salz
2 TL Olivenöl
50 g Rucola
1 Kugel fettreduzierter Mozzarella
2 Scheiben Salami
150 g Cocktailtomaten
3 EL Pesto verde

1 Hefe zerbröckeln und mit Zucker in Wasser auflösen. Mehl in eine Schüssel geben, in die Mitte eine Vertiefung drücken und Hefemischung hineingießen. Mit etwas Mehl verrühren und Vorteig an einem warmen Ort zugedeckt ca. 15 Minuten gehen lassen. Salz und Öl zum Vorteig geben. Zu einem glatten Teig verkneten und weitere ca. 30 Minuten gehen lassen.

2 Rucola waschen, trocken schleudern. Mozzarella abtropfen lassen und fein würfeln. Salami in dünne Streifen schneiden. Tomaten waschen und halbieren. Backofen auf 200° C (Gas: Stufe 3, Umluft: 180° C) vorheizen.

3 Teig nochmals gut durchkneten, in 6 Portionen teilen und jeweils rund (Ø ca. 14 cm) ausrollen. Teigfladen auf zwei mit Backpapier ausgelegte Backbleche legen. Mit Pesto bestreichen, mit Salamistreifen und Tomatenhälften belegen und mit Mozzarellawürfeln bestreuen. Mini-Pesto-Pizzen im Backofen auf mittlerer Schiene 15–20 Minuten backen und mit Rucola bestreut servieren.

6 **SmartPoints Wert** 869 kJ | 208 kcal

Go veggie

Dann lass einfach die Salami weg.
Die SmartPoints bleiben gleich.

Geflügelburger mit Schafskäsecreme

Für 4 Personen   Fertig in 50 Min.   Davon aktiv 35 Min.

70 g Schafskäse, 25 % Fett i. Tr.
4 EL saure Sahne
Salz, Pfeffer
4 Blätter Kopfsalat
2 rote Zwiebeln
400 g Hähnchenbrustfilet
1 Eigelb (Größe M)
1 TL getrockneter Oregano
4 kleine Hamburger-Brötchen

1 Für die Creme Schafskäse zerbröseln und mit saurer Sahne, Salz und Pfeffer verrühren. Salat waschen und trocken schütteln. Zwiebeln schälen und in breite Ringe schneiden. Hähnchenbrustfilet abspülen, trocken tupfen und in kleine Würfel schneiden. Mit Eigelb, Oregano, Salz und Pfeffer vermengen, pürieren und ca. 10 Minuten kalt stellen. Aus der Masse 4 Patties formen.

2 Zwiebelringe und Burgerpatties auf dem Rost 8–10 Minuten von jeder Seite grillen. Brötchen auf dem Rost ca. 2 Minuten von jeder Seite grillen und aufschneiden.

3 Brötchenhälften mit Schafskäsecreme bestreichen und untere Brötchenhälften mit Salat, Patties und Zwiebelringen belegen. Mit oberen Brötchenhälften abdecken und Geflügelburger servieren.

6 **SmartPoints Wert** 1308 kJ | 313 kcal

Spinatquiche

Für 12 Stücke   Fertig in 70 Min.   Davon aktiv 35 Min.

1 Zwiebel
1 Knoblauchzehe
3 TL Rapsöl
600 g Blattspinat (TK)
2 EL Gemüsebrühe
(1 Prise Instantpulver)
200 g Mehl
1 TL Backpulver
50 g Magerquark
80 ml Wasser
150 g Crème légère
2 Eier (Größe M)
50 g geriebener Käse,
30 % Fett i. Tr.
1 Prise geriebene Muskatnuss
1 TL Paprikapulver
Salz, Pfeffer

1 Zwiebel schälen und mit Knoblauch fein würfeln. 1 TL Öl in einem Topf auf mittlerer Stufe erhitzen und Zwiebel- und Knoblauchwürfel darin kurz andünsten. Spinat zugeben, kurz mitdünsten, mit Brühe ablöschen und mit Deckel ca. 10 Minuten auftauen lassen. Spinat ausdrücken und hacken.

2 Backofen auf 200° C (Gas: Stufe 3, Umluft: 180° C) vorheizen. Mehl mit Backpulver, Quark und restlichem Öl vermischen, nach und nach Wasser zugeben und zu einem glatten Teig verkneten. Teig zwischen Frischhaltefolie rund ausrollen und eine Quicheform (Ø 26 cm) damit auskleiden, dabei einen ca. 2 cm hohen Rand formen.

3 Crème légère und Eier verquirlen, Käse dazugeben und mit Spinat vermischen. Spinatmasse mit Muskatnuss, Paprikapulver, Salz und Pfeffer würzen und gleichmäßig auf dem Teig verteilen. Spinatquiche im Backofen auf mittlerer Schiene 30–35 Minuten backen und servieren.

3 SmartPoints Wert   533 kJ | 127 kcal

Erdbeer-Basilikum-Wasser mit Zitrone

Für 8 Gläser Fertig in 10 Min. Davon aktiv 10 Min.

250 g Erdbeeren halbieren. 1 Zitrone in dünne Scheiben schneiden. Erdbeerhälften und Zitronenscheiben mit 2 Liter kaltem Wasser und 1 Handvoll frischen Basilikumblättern mischen. Erdbeer-Basilikum-Wasser 1–2 Stunden kalt stellen und mit Eiswürfeln servieren.

0 SmartPoints Wert 55 kJ | 13 kcal

Kokoswasser mit Zitronengras

Für 8 Gläser Fertig in 10 Min. Davon aktiv 10 Min.

Den hellen Teil von 1 Stängel Zitronengras in dünne Scheiben schneiden. Restliches Zitronengras längs in Streifen schneiden. 1 Limette in dünne Scheiben schneiden. 1 Liter Kokoswasser mit 1 Liter kaltem Wasser, Zitronengras, Limettenscheiben und 1 Handvoll Minze mischen. Kokoswasser 1–2 Stunden kalt stellen und mit Eiswürfeln servieren.

1 SmartPoints Wert 72 kJ | 17 kcal

Gurken-Minz-Wasser mit Orange

Für 8 Gläser Fertig in 10 Min. Davon aktiv 10 Min.

1 kleine Gurke schräg in dünne Scheiben schneiden. 1 Orange halbieren und in dünne Scheiben schneiden. 2 Liter kaltes Wasser mit 1 Handvoll Minze, Gurken- und Orangenscheiben mischen. Gurken-Minz-Wasser 1–2 Stunden kalt stellen und mit Eiswürfeln servieren.

0 SmartPoints Wert 73 kJ | 18 kcal

Keep cool

An heißen Tagen sorgen diese erfrischenden Sommerdrinks für die richtige Abkühlung. Also: schnell zusammenmixen und eiskalt genießen!

Herrlich frisch und kalt serviert

Spargel-Lachs-Salat mit Honig-Senf-Dressing

Für 2 Personen   Fertig in 60 Min.   Davon aktiv 30 Min.

400 g festkochende Kartoffeln
Salz, Pfeffer
300 g Tomaten
2 TL Honig
2 TL Senf
1–2 TL Weißweinessig
3 TL Rapsöl
1/2 Bund Dill
je 300 g weißer und grüner Spargel
150 g geräucherter Wildlachs

1 Kartoffeln waschen und mit Schale in Salzwasser ca. 20 Minuten garen. Kartoffeln abgießen, pellen und ca. 20 Minuten abkühlen lassen. Tomaten waschen und in Scheiben schneiden. Für das Dressing Honig, Senf, Essig und 1 TL Öl verrühren und mit Salz und Pfeffer würzen. Dill waschen, trocken schütteln, hacken und unterrühren.

2 Weißen Spargel schälen und die holzigen Enden abschneiden. Grünen Spargel waschen und das untere Drittel schälen. Spargel in Stücke schneiden. Restliches Öl in einer Pfanne auf mittlerer bis hoher Stufe erhitzen, Spargelstücke darin ca. 5 Minuten rundherum braten und abkühlen lassen. Mit Salz und Pfeffer würzen.

3 Kartoffeln in Scheiben schneiden und mit Spargelstücken und Tomatenscheiben mischen. Lachs darauf anrichten und mit Honig-Senf-Dressing beträufeln. Spargel-Lachs-Salat servieren.

7 SmartPoints Wert   1610 kJ | 385 kcal

Salatschiffchen süß-sauer

Für 4 Personen Fertig in 30 Min. Davon aktiv 15 Min.

4 Karotten
4 Frühlingszwiebeln
100 g Mungobohnensprossen
1 rote Chilischote
1 Stück Ingwer (ca. 2 cm)
50 g trockene Mie-Nudeln
Salz, Pfeffer
2 Römersalatherzen
1 TL Erdnussöl
250 g Tatar
6 EL Sojasauce
2 EL süße Asia-Chilisauce
1 TL Sesam

1 Karotten schälen und raspeln. Frühlingszwiebeln waschen und in Ringe schneiden. Mungobohnensprossen waschen und abtropfen lassen. Chilischote waschen, entkernen und hacken. Ingwer schälen und fein hacken. Mie-Nudeln nach Packungsanweisung in Salzwasser garen. Salat waschen, trocken schütteln und in 16 Blätter teilen.

2 Öl in einer Pfanne auf hoher Stufe erhitzen und Tatar darin krümelig braten. Mungobohnensprossen, Karottenraspel, Frühlingszwiebelringe, Chili und Ingwer zufügen und ca. 3 Minuten mitbraten. Mit 3 EL Sojasauce und 1 EL Asia-Chilisauce ablöschen und mit Salz und Pfeffer abschmecken.

3 Mie-Nudeln und Tatar-Gemüse-Mischung auf die Salatblätter verteilen und mit Sesam bestreuen. Salatschiffchen süß-sauer mit restlicher Sojasauce und Asia-Chilisauce servieren.

3 SmartPoints Wert 987 kJ | 236 kcal

Hähnchensalat mit gegrilltem Pfirsich und Guacamole

Für 2 Personen Fertig in 35 Min. Davon aktiv 30 Min.

2 Pfirsiche
2 Frühlingszwiebeln
1 Limette
1/2 Kopfsalat
1/2 Salatgurke
1 rote Paprika
1 TL Olivenöl
1/2 TL Senf
Salz, Pfeffer
100 g Avocadofruchtfleisch
2 Hähnchenbrustfilets (à 120 g)

1 Pfirsiche waschen, halbieren, die Steine entfernen und Pfirsiche in Spalten schneiden. Frühlingszwiebeln waschen und in feine Ringe schneiden. Limette auspressen. Salat waschen, trocken schleudern und in mundgerechte Stücke zerteilen. Gurke waschen, längs halbieren und in Scheiben schneiden. Paprika waschen, entkernen und in Streifen schneiden.

2 Für das Dressing Öl mit 1 EL Limettensaft, Senf, Salz und Pfeffer verrühren. Für die Guacamole Avocadofruchtfleisch mit einer Gabel zerdrücken und mit Frühlingszwiebelringen, restlichem Limettensaft, Salz und Pfeffer verrühren.

3 Hähnchenbrustfilets abspülen, trocken tupfen und flacher klopfen. Pfirsichspalten fettfrei in einer Grillpfanne auf mittlerer bis hoher Stufe kurz von jeder Seite grillen und herausnehmen. Hähnchenbrustfilets in die Grillpfanne geben und fettfrei 4–5 Minuten von jeder Seite grillen. Mit Salz und Pfeffer würzen, abkühlen lassen und in Tranchen schneiden.

4 Salatstücke, Gurkenscheiben, Paprikastreifen und Dressing vermengen, Pfirsichspalten und Hähnchentranchen darauf anrichten und Hähnchensalat mit Guacamole servieren.

4 SmartPoints Wert 1626 kJ | 389 kcal

Summertime

Du kannst die Hähnchenbrust und die Pfirsichspalten auch auf dem Grill zubereiten.

Rigatoni-Salat mit Tomatendressing

Für 1 Person   Fertig in 25 Min.   Davon aktiv 20 Min.

1 kleine Zwiebel
1 TL Olivenöl
1 TL Tomatenmark
100 g passierte Tomaten (Konserve)
50 ml Gemüsebrühe (1/4 TL Instantpulver)
Salz, Pfeffer
1 EL gehacktes Basilikum
60 g trockene Rigatoni
50 g Cocktailtomaten
1 Karotte
1 Handvoll Rucola

1 Zwiebel schälen und fein würfeln. Für das Dressing Öl in einem Topf auf mittlerer Stufe erhitzen und Zwiebelwürfel darin ca. 2 Minuten andünsten. Tomatenmark dazugeben, kurz mitbraten, mit passierten Tomaten und Brühe ablöschen und ca. 5 Minuten köcheln lassen. Mit Salz und Pfeffer würzen, mit Basilikum verfeinern und pürieren. Dressing ca. 10 Minuten abkühlen lassen.

2 Nudeln nach Packungsanweisung in Salzwasser garen. Cocktailtomaten waschen und halbieren. Karotte schälen und raspeln. Rucola waschen und trocken schleudern. Nudeln abgießen, abschrecken und mit Cocktailtomatenhälften, Karottenraspeln, Rucola und Tomatendressing vermengen. Rigatoni-Salat mit Salz und Pfeffer abschmecken und servieren.

7 SmartPoints Wert   1422 kJ | 340 kcal

To Go

Wenn du den Salat mitnehmen möchtest, transportiere den Rucola separat und hebe ihn kurz vor dem Servieren unter.

Spargelsalat mit Linsen und Lachs

Für 1 Person Fertig in 25 Min. Davon aktiv 10 Min.

150 g grüner Spargel
40 g trockene Puy-Linsen
Salz, Pfeffer
30 g Erbsen (TK)
2 EL Magermilchjoghurt
1 TL körniger Senf
2 TL Zitronensaft
1 Stange Staudensellerie
100 g Stremellachs
2 TL gehackter Dill

1 Spargel waschen, das untere Drittel schälen und Spargel in Stücke schneiden. Linsen nach Packungsanweisung ca. 20 Minuten in Salzwasser garen, dabei ca. 5 Minuten vor Ende der Garzeit Erbsen und Spargelstücke dazugeben.

2 Für das Dressing Joghurt mit Senf, Zitronensaft, Salz und Pfeffer vermischen. Sellerie waschen und in Scheiben schneiden. Stremellachs mit einer Gabel zerpflücken.

3 Linsen-Gemüse-Mischung abgießen, mit Selleriescheiben und Dill vermischen und Lachs unterheben. Spargelsalat mit Dressing beträufeln und servieren.

0 **SmartPoints Wert** 1841 kJ | 440 kcal

So geht's schneller

Verwende einfach Linsen aus der Dose. Die restlichen Linsen kannst du in einem verschlossenen Behälter im Kühlschrank aufbewahren.

Buddha-Bowl mit Süßkartoffeln

Für 1 Person Fertig in 25 Min. Davon aktiv 20 Min.

100 g Süßkartoffeln
1 Zucchini
Salz, Pfeffer
1 gelbe Paprika
1 Handvoll Feldsalat
2 EL weiße Bohnen (Konserve)
2 EL Kidneybohnen (Konserve)
30 g Avocadofruchtfleisch
1 TL Limettensaft

1 Backofen auf 180° C (Gas: Stufe 2, Umluft: 160° C) vorheizen. Süßkartoffeln schälen, Zucchini waschen, beides in Stifte schneiden und separat auf einem mit Backpapier ausgelegten Backblech verteilen. Jeweils mit Salz und Pfeffer würzen und im Backofen auf mittlerer Schiene 15–20 Minuten backen.

2 Paprika waschen, entkernen und würfeln. Salat waschen und trocken schütteln. Bohnen abspülen und abtropfen lassen. Avocadofruchtfleisch mit weißen Bohnen, Kidneybohnen, Limettensaft, Salz und Pfeffer pürieren.

3 Paprikawürfel, Süßkartoffel-, Zucchinistifte und Salat jeweils separat in einer Schüssel oder einem tiefen Teller anrichten, Avocadocreme in die Mitte geben und Buddha-Bowl servieren.

6 **SmartPoints Wert** 1654 kJ | 395 kcal

Würzige Kokos-Garnelen auf Mangosalat

Für 4 Personen   Fertig in 25 Min.   Davon aktiv 20 Min.

600 g küchenfertige Garnelen
1 Mango
1 rote Paprika
140 g Sojasprossen
2 Frühlingszwiebeln
einige Blätter Koriander
2 EL Kokosraspel
1 1/2 TL Piri Piri-Gewürzmischung
1 EL Olivenöl
1 EL Limettensaft
Salz, Pfeffer

1 Garnelen abspülen und trocken tupfen. Mango schälen und das Fruchtfleisch vom Stein schneiden. Paprika waschen, entkernen und mit Mango in feine Streifen schneiden. Sojasprossen waschen und abtropfen lassen. Frühlingszwiebeln waschen und in Ringe schneiden. Koriander waschen und trocken schütteln.

2 Kokosraspel und Piri Piri-Gewürzmischung fettfrei in einer Pfanne auf mittlerer Stufe 1–2 Minuten rösten und herausnehmen. Öl in der Pfanne auf mittlerer bis hoher Stufe erhitzen und Garnelen darin 3–4 Minuten rundherum braten.

3 Mango-, Paprikastreifen, Sojasprossen, Koriander, Frühlingszwiebelringe und Limettensaft vermischen und mit Salz und Pfeffer würzen. Kokosraspelmischung zu den Garnelen geben, vermischen, auf den Salat geben und Kokos-Garnelen auf Mangosalat servieren.

2 SmartPoints Wert   1050 kJ | 251 kcal

Große Runde?

Dann hebe noch 125 g Pflücksalat unter und erhöhe den Limettensaft auf 2 EL, so reicht der Salat für 6 Personen. Die SmartPoints ändern sich nicht.

Piri Piri ...

... ist die portugiesische Bezeichnung für Chilischoten. Die Piri Piri-Gewürzmischung wird aus verschiedenen Sorten getrockneter Chilischoten hergestellt und ist im gut sortierten Supermarkt erhältlich.

Zucchininudeln im Glas

Für 1 Person Fertig in 20 Min. Davon aktiv 20 Min.

1 kleine Zucchini
Salz, Pfeffer
2 Stangen grüner Spargel
2 EL Erbsen (TK)
1 Stängel Basilikum
1 Stängel Petersilie
1 TL Schnittlauchringe
1 TL Zitronensaft
3 EL Magermilchjoghurt
1 Tomate
3 EL Kichererbsen (Konserve)

1 Zucchini waschen, mit einem Spiralschneider in feine Spiralen schneiden, salzen und ca. 10 Minuten ziehen lassen. Spargel waschen, das untere Drittel schälen und Spargel in kleine Stücke schneiden. Spargelstücke mit Erbsen 3–5 Minuten in Salzwasser blanchieren.

2 Für das Dressing Basilikum und Petersilie waschen, trocken schütteln und mit Schnittlauch, Zitronensaft, Joghurt, Salz und Pfeffer pürieren. Dressing in ein verschraubbares Konservenglas (Inhalt 450 ml) füllen.

3 Tomate waschen und würfeln. Zucchinispiralen trocken tupfen und mit Tomatenwürfeln, Kichererbsen, Erbsen und Spargelstücken ins Glas schichten. Zucchininudeln mit Salz und Pfeffer abschmecken und servieren.

0 SmartPoints Wert 953 kJ | 228 kcal

Hähnchen-Pita mit Salat

Für 4 Personen Fertig in 35 Min. Davon aktiv 30 Min.

1 Salatgurke
1 Knoblauchzehe
200 g Magermilchjoghurt
1 EL gehackte Petersilie
1 TL Zitronensaft
Salz, Pfeffer
1 Kopfsalat
6 Tomaten
1 rote Zwiebel
400 g Hähnchenbrustfilet
3 TL Olivenöl
1/2 TL Paprikapulver
1/2 TL Kreuzkümmel
1/2 TL getrockneter Oregano
3 EL heller Balsamicoessig
1 TL Honig
1 TL Senf
4 Pita-Taschen

1 Gurke waschen, längs halbieren und Kerne mit einem Löffel entfernen. Knoblauch pressen. Für die Sauce die Hälfte der Gurke raspeln und mit Joghurt, Knoblauch, Petersilie, Zitronensaft, Salz und Pfeffer verrühren. Restliche Gurke würfeln. Salat waschen, trocken schleudern und in mundgerechte Stücke zerteilen. Tomaten waschen und in Scheiben schneiden. Zwiebel schälen und in feine Ringe schneiden.

2 Hähnchenbrustfilet abspülen, trocken tupfen und in Streifen schneiden. 1 TL Öl in einer Pfanne auf hoher Stufe erhitzen, Hähnchenbruststreifen darin 5–6 Minuten rundherum braten, mit Salz, Pfeffer und Paprikapulver würzen und mit Kreuzkümmel und Oregano verfeinern.

3 Für das Dressing Essig mit restlichem Öl, Honig, Senf, Salz und Pfeffer verrühren. Pita-Taschen aufschneiden, mit Joghurtsauce ausstreichen, mit Hähnchenbruststreifen und jeweils mit etwas Salat, einigen Tomatenscheiben, Gurkenwürfeln und Zwiebelringen füllen. Restlichen Salat mit restlichen Tomatenscheiben, Gurkenwürfeln und Zwiebelringen vermischen und Dressing darübergeben. Hähnchen-Pita mit Salat servieren.

6 SmartPoints Wert 1625 kJ | 389 kcal

Hackbällchen-Salat

Für 4 Personen Fertig in 25 Min. Davon aktiv 25 Min.

500 g Geflügelhackfleisch (aus Geflügelbrustfilet)
1 TL italienische Kräuter
Salz, Pfeffer
1 TL Olivenöl
200 g Rucola
1 Dose gemischte Bohnen (255 g Abtropfgewicht)
145 g Röstpaprika in Lake (Glas)
1 EL Kapern
2 EL dunkler Balsamicoessig

1 Hackfleisch mit Kräutern, Salz und Pfeffer verkneten und mit angefeuchteten Händen aus der Masse 20 Bällchen formen. Öl in einer Pfanne auf mittlerer bis hoher Stufe erhitzen und Hackbällchen darin portionsweise ca. 8 Minuten rundherum braten und abkühlen lassen.

2 Rucola waschen und trocken schleudern. Bohnen abspülen und mit Röstpaprika abtropfen lassen. Röstpaprika in Streifen schneiden und mit Bohnen, Rucola, Kapern und Essig vermischen.

3 Hackbällchen mit Salat mischen, mit Salz und Pfeffer abschmecken und Hackbällchen-Salat servieren.

0 SmartPoints Wert 794 kJ | 190 kcal

Surf-and-Turf-Salat

Für 2 Personen **Fertig in 35 Min.** **Davon aktiv 30 Min.**

1/2 Kopfsalat
2 Tomaten
60 g Avocadofruchtfleisch
1/4 Ananas
200 g grüner Spargel
200 g Rinderfilet
1 TL Rapsöl
300 g küchenfertige Garnelen
Salz, Pfeffer
1 Msp. Chiliflocken
50 ml trockener Weißwein
2 EL Zitronensaft
2 EL gehackter Koriander

1 Salat waschen, trocken schleudern und in mundgerechte Stücke zerteilen. Tomaten waschen und mit Avocadofruchtfleisch würfeln. Ananas schälen, vierteln, den Strunk entfernen und Ananas würfeln, dabei ca. 3 EL Saft auffangen. Spargel waschen, das untere Drittel schälen und Spargel schräg in Stücke schneiden.

2 Rinderfilet trocken tupfen. Öl in einer Pfanne auf hoher Stufe erhitzen und Filet darin 3–4 Minuten von jeder Seite braten.

3 Garnelen abspülen, trocken tupfen und im Bratensatz ca. 3 Minuten rundherum braten. Garnelen mit Salz, Pfeffer und Chiliflocken würzen, mit Weißwein ablöschen und herausnehmen. Rinderfilet salzen, pfeffern und in Streifen schneiden.

4 Ananaswürfel und Spargelstücke im Bratensatz auf niedriger Stufe ca. 3 Minuten anbraten und mit Ananas- und Zitronensaft ablöschen. Salatstücke, Tomaten-, Avocadowürfel, Rinderfiletstreifen, Garnelen und Koriander mischen. Ananaswürfel und Spargelstücke samt Bratensatz dazugeben und Surf-and-Turf-Salat servieren.

5 **SmartPoints Wert** 1969 kJ | 471 kcal

Gurkenröllchen mit Guacamolecreme

Für 2 Personen   Fertig in 15 Min.   Davon aktiv 15 Min.

70 g Avocadofruchtfleisch
100 g Kräuterfrischkäse, bis 5 % Fett absolut
1 TL Limettensaft
1 Msp. Chilipulver
1 TL gehackter Koriander
Salz, Pfeffer
1 kleine Salatgurke

1 Für die Guacamolecreme Avocadofruchtfleisch mit Frischkäse, Limettensaft und Chilipulver pürieren. Creme mit Koriander verfeinern und kräftig mit Salz und Pfeffer abschmecken.

2 Gurke waschen und längs mit einem Sparschäler in feine Scheiben schneiden. Gurkenscheiben mit Guacamolecreme bestreichen und aufrollen. Gurkenröllchen servieren.

4 SmartPoints Wert 657 kJ | 157 kcal

So schmeckt's auch

Versuche doch mal Karottenröllchen. Verwende anstatt der kleinen Salatgurke einfach 1–2 dicke Karotten.

Geflügel-Reis-Salat mit gebratener Paprika

Für 2 Personen   Fertig in 25 Min.   Davon aktiv 25 Min.

120 g trockener Minutenreis
Salz, Pfeffer
2 gelbe Paprika
1 grüne Paprika
1 Schalotte
200 g Putenschnitzel
1 TL Rapsöl
1/2 TL Paprikapulver
50 ml Gemüsebrühe
(1/4 TL Instantpulver)
2 EL Weißweinessig

1 Reis nach Packungsanweisung in Salzwasser garen. Paprika waschen, entkernen und in Würfel schneiden. Schalotte schälen und fein würfeln. Putenschnitzel abspülen, trocken tupfen und in Streifen schneiden.

2 Öl in einer Pfanne auf mittlerer bis hoher Stufe erhitzen und Schnitzelstreifen darin 3–4 Minuten rundherum braten. Schnitzelstreifen mit Salz, Pfeffer und Paprikapulver würzen und herausnehmen. Paprikawürfel im Bratensatz ca. 3 Minuten braten, salzen und pfeffern. Reis kalt abspülen.

3 Schnitzelstreifen mit Paprika- und Schalottenwürfeln unter den Reis mischen. Für das Dressing Bratensatz mit Brühe und Essig ablöschen. Geflügel-Reis-Salat mit Dressing vermischen, mit Salz und Pfeffer abschmecken und servieren.

7 SmartPoints Wert 1863 kJ | 445 kcal

Asiatischer Krebssalat mit Mango

Für 4 Personen Fertig in 20 Min. Davon aktiv 20 Min.

1 rote Chilischote
je 1/2 Bund Minze und Koriander
2 EL Limettensaft
1 TL Fischsauce
350 g Krebsfleisch (Konserve)
2 kleine Salatgurken
1 kleine rote Zwiebel
200 g gelbe Cocktailtomaten
100 g Pflücksalatmischung (Kühltheke)
2 Mangos

1 Chilischote waschen, entkernen und fein hacken. Minze und Koriander waschen, trocken schütteln und grob hacken. Chilischote, Minze und Koriander mit Limettensaft, Fischsauce und Krebsfleisch mischen.

2 Gurke waschen und längs mit einem Sparschäler in feine Streifen schneiden. Zwiebel schälen und in feine Streifen schneiden. Tomaten waschen und halbieren. Salat waschen und trocken schleudern. Mangos schälen und das Fruchtfleisch in Spalten vom Stein schneiden.

3 Gurkenstreifen, Zwiebelstreifen, Tomatenhälften, Salat und Mangospalten vermischen, Krebsmischung daraufgeben und asiatischen Krebssalat servieren.

0 SmartPoints Wert 695 kJ | 166 kcal

Fruchtiger Quinoasalat mit Roastbeef

Für 2 Personen **Fertig in 35 Min.** **Davon aktiv 20 Min.**

110 g trockene Quinoa
Salz, Pfeffer
4 Frühlingszwiebeln
1 Salatgurke
100 g Cocktailtomaten
50 g Himbeeren
3 EL Himbeeressig
1 TL Olivenöl
1 TL milder Senf
4 Scheiben Roastbeef

1 Quinoa nach Packungsanweisung in Salzwasser garen und auskühlen lassen. Frühlingszwiebeln, Gurke und Tomaten waschen. Frühlingszwiebeln in Ringe, Gurke in Würfel und Tomaten in Viertel schneiden. Himbeeren waschen und trocken tupfen.

2 Für das Dressing Essig mit Öl, Senf, Salz und Pfeffer verrühren. Quinoa mit Frühlingszwiebelringen, Gurkenwürfeln, Tomatenvierteln und Dressing vermengen und mit Salz und Pfeffer würzen. Himbeeren vorsichtig unterheben. Fruchtigen Quinoasalat mit Roastbeef anrichten und servieren.

7 **SmartPoints Wert** 1386 kJ | 331 kcal

Pfannkuchenwraps mit Kressecreme

Für 2 Personen Fertig in 30 Min. Davon aktiv 20 Min.

100 g Vollkornmehl
170 ml entrahmte Milch
2 Eier (Größe M)
Salz, Pfeffer
1/2 Bund Radieschen
1 Beet Kresse
125 g Magerquark
1 EL fettreduzierter Mascarpone
1 TL Zitronensaft
4 Blätter Kopfsalat
1 TL Rapsöl

1. Mehl mit Milch, Eiern und einer Prise Salz verrühren und ca. 10 Minuten quellen lassen. Radieschen waschen und raspeln. Für die Creme Kresse vom Beet schneiden, mit Quark, Mascarpone, Radieschenraspeln und Zitronensaft verrühren und mit Salz und Pfeffer würzen. Salatblätter waschen, trocken schütteln und in Streifen schneiden.

2. Öl in einer Pfanne auf mittlerer Stufe erhitzen und darin nacheinander 2 Pfannkuchen abbacken, dabei 2–3 Minuten von jeder Seite braten. Pfannkuchen mit Kressecreme bestreichen und mit Salatstreifen belegen. Pfannkuchen zu Wraps einrollen und servieren.

9 SmartPoints Wert 1628 kJ | 389 kcal

Bunter Couscoussalat

Für 2 Personen Fertig in 35 Min. Davon aktiv 15 Min.

2 gelbe Paprika
1 kleine rote Zwiebel
1/4 TL getrockneter Oregano
2 TL Olivenöl
80 g trockener Riesen-Couscous
150 ml Wasser
1 TL Weißweinessig
125 g rote und gelbe Cocktailtomaten
1 Handvoll Minze
1 Handvoll Petersilie
Salz, Pfeffer

1 Backofen auf 200° C (Gas: Stufe 3, Umluft: 180° C) vorheizen. Paprika waschen, entkernen und in kleine Stücke schneiden. Zwiebel schälen und in Spalten schneiden. Paprikastücke und Zwiebelspalten auf einem mit Backpapier ausgelegten Backblech verteilen, mit Oregano bestreuen und mit 1 TL Öl beträufeln. Gemüse im Backofen auf mittlerer Schiene ca. 25 Minuten rösten und abkühlen lassen.

2 Couscous nach Packungsanweisung in Wasser garen. Couscous mit einer Gabel auflockern und restliches Öl, Essig und geröstetes Gemüse dazugeben.

3 Tomaten waschen und halbieren. Minze und Petersilie waschen, trocken schütteln, grob hacken und mit Tomatenhälften vorsichtig unter den Couscous heben. Couscoussalat mit Salz und Pfeffer abschmecken und servieren.

6 SmartPoints Wert 1130 kJ | 270 kcal

Grüne Gazpacho im Glas

Für 6 Gläser Fertig in 10 Min. Davon aktiv 10 Min.

1 grüne Paprika
1/2 grüne Chilischote
2 Salatgurken
2 Stangen Staudensellerie
1/2 Bund Petersilie
1 große Scheibe Vollkorntoast
1 Knoblauchzehe
250 ml Wasser
2 TL Olivenöl
1 EL Limettensaft
Salz, Pfeffer

1 Paprika mit Chilischote waschen und entkernen. Gurken und Staudensellerie waschen. Petersilie waschen und trocken schütteln.

2 Paprika, Chilischote, Gurken, Staudensellerie und Toast grob würfeln und mit Petersilie, Knoblauch, Wasser, Öl und Limettensaft pürieren.

3 Gazpacho mit Salz und Pfeffer abschmecken, in 6 Gläser (Inhalt ca. 240 ml) füllen und servieren.

1 SmartPoints Wert 275 kJ | 66 kcal

To Go

Du kannst die Gazpacho wunderbar in verschließbaren Konservengläsern zu deinem Picknick transportieren.

Würziger Reissalat mit Steakstreifen und Paprika

Für 2 Personen Fertig in 50 Min. Davon aktiv 25 Min.

100 g trockener Naturreis
Salz, Pfeffer
250 g Rumpsteak
1 TL Rapsöl
2 rote Paprika
4 EL Kidneybohnen (Konserve)
1 Römersalatherz
1/2 Bund Petersilie
2 EL Ajvar (Paprikapaste)
4 EL Gemüsebrühe (1/4 TL Instantpulver)
2 EL Weißweinessig
1 Prise Chiliflocken

1 Reis nach Packungsanweisung in Salzwasser garen und ca. 10 Minuten abkühlen lassen.

2 Steak trocken tupfen und in Streifen schneiden. Öl in einer Pfanne auf hoher Stufe erhitzen und Steakstreifen darin 3–5 Minuten rundherum braten. Mit Salz und Pfeffer würzen und herausnehmen.

3 Paprika waschen, entkernen und in Streifen schneiden. Kidneybohnen abspülen und abtropfen lassen. Salat waschen, trocken schleudern und in mundgerechte Stücke zerteilen. Petersilie waschen, trocken schütteln und hacken.

4 Für das Dressing Ajvar, Brühe und Essig verrühren und mit Chiliflocken und Salz würzen. Salatzutaten mit Dressing mischen und Steakstreifen daraufgeben. Reissalat mit Petersilie bestreut servieren.

9 **SmartPoints Wert** 2235 kJ | 534 kcal

So schmeckt's auch

Ohne die Steakstreifen ist der Salat auch lecker, z. B. als Beilage zu Gegrilltem. Er reicht dann für 4 Personen. Die SmartPoints pro Person reduzieren sich auf 3.

Süße Sommerträume

Crêpes mit Himbeer-Bananen-Eis

Für 2 Personen Fertig in 2 Std. 15 Min. Davon aktiv 25 Min.

2 Bananen
60 ml fettarme Milch
1 Ei (Größe M)
1 TL Zucker
2 EL Mehl
1 TL Rapsöl
100 g Himbeeren (TK)
100 g Magermilchjoghurt
1 TL abgeriebene unbehandelte Zitronenschale
1 EL Kakaopulver
2 EL Wasser
1 TL Agavendicksaft
1 Päckchen Vanillezucker

1 Bananen schälen, in Stücke schneiden und ca. 2 Stunden einfrieren. Milch mit Ei, Zucker und Mehl verrühren und ca. 5 Minuten quellen lassen. Öl portionsweise in einer Pfanne auf mittlerer bis hoher Stufe erhitzen und aus dem Teig darin nacheinander 2 Crêpes backen, dabei 2–3 Minuten von jeder Seite braten.

2 Für das Eis Bananenstücke mit Himbeeren, Joghurt und Zitronenschale pürieren. Für die Sauce Kakaopulver mit Wasser und Agavendicksaft verrühren. Crêpes mit Vanillezucker bestreuen, zusammenklappen, mit Sauce beträufeln und mit Himbeer-Bananen-Eis garniert servieren.

5 SmartPoints Wert 1538 kJ | 368 kcal

Aprikosen-Tarte-Tatin

Für 8 Stücke **Fertig in 80 Min.** **Davon aktiv 35 Min.**

1 TL Rapsöl
155 g Mehl
1 EL Puderzucker
80 g Halbfettmargarine
1 Eigelb (Größe M)
4 EL kaltes Wasser
2 Dosen Aprikosen ohne Zucker (à 240 g Abtropfgewicht)
75 g Zucker
1/2 TL Vanillepaste

1 Backofen auf 200° C (Gas: Stufe 3, Umluft: 180° C) vorheizen. Eine Springform (Ø 20 cm) mit Öl fetten und mit Backpapier auslegen.

2 150 g Mehl mit Puderzucker vermischen, 40 g Margarine zugeben und zu Krümeln verkneten. Eigelb und 2 EL kaltes Wasser unterkneten. Arbeitsfläche mit restlichem Mehl bestäuben und Teig darauf glatt verkneten. Teig zu einer Kugel formen und in Frischhaltefolie gewickelt ca. 30 Minuten kalt stellen. Aprikosenhälften abtropfen lassen.

3 Eine Pfanne auf mittlerer bis hoher Stufe erhitzen. Zucker zugeben und 3–4 Minuten karamellisieren lassen. Pfanne vom Herd nehmen und leicht abkühlen lassen. Restliche Margarine, restliches Wasser und Vanillepaste zufügen und auf niedriger bis mittlerer Stufe unter gelegentlichem Rühren ca. 5 Minuten erhitzen, bis der Karamell eindickt.

4 Karamell in die Springform füllen und Aprikosenhälften mit der Schnittfläche nach oben darauf verteilen. Teig zwischen Backpapier rund (Ø 21 cm) ausrollen und Aprikosenhälften damit bedecken, dabei Teig zwischen Aprikosen und Springformrand schieben. Tarte im Backofen auf mittlerer Schiene 25–30 Minuten backen und herausnehmen. Aprikosen-Tarte-Tatin ca. 5 Minuten abkühlen lassen, auf eine Platte stürzen und servieren.

7 **SmartPoints Wert** 743 kJ | 178 kcal

Quarktrifle mit Beeren

Für 2 Personen Fertig in 15 Min. Davon aktiv 15 Min.

1 Vanilleschote
500 g Magerquark
2 TL Agavendicksaft
2 EL entrahmte Milch
200 g Erdbeeren
100 g Brombeeren
100 g Himbeeren
30 g gepuffter Amaranth

1 Vanilleschote längs aufschneiden und das Mark herauskratzen. Quark mit Agavendicksaft, Vanillemark und Milch glatt rühren. Erdbeeren, Brombeeren und Himbeeren waschen und trocken tupfen.

2 Erdbeeren vierteln. Brombeeren, Himbeeren und Erdbeerviertel vermischen. Quarkcreme abwechselnd mit Beerenmischung und Amaranth in Gläser einschichten und Quarktrifle servieren.

6 SmartPoints Wert 1324 kJ | 316 kcal

Kirsch-Streuselkuchen mit Basilikum

Für 9 Stücke Fertig in 90 Min. Davon aktiv 40 Min.

60 g Halbfettmargarine
70 g Zucker
1 Ei (Größe M)
50 g Magerquark
150 g Mehl
1/2 Päckchen Backpulver
1 Glas Kirschen ohne Zucker (350 g Abtropfgewicht)
1 EL gehacktes Basilikum
1 EL kalorienreduzierte Kirschkonfitüre
70 g Weizenvollkornmehl
30 g Magermilchjoghurt
1 Päckchen Vanillezucker

1 30 g Margarine mit 50 g Zucker schaumig schlagen und Ei und Quark unterrühren. Mehl mit Backpulver mischen, unterheben und zu einem glatten Teig verkneten. Teig zwischen Frischhaltefolie quadratisch ausrollen und eine mit Backpapier ausgelegte eckige Springform (ca. 18 x 18 cm) damit auskleiden.

2 Backofen auf 180° C (Gas: Stufe 2, Umluft: 160° C) vorheizen. Kirschen abtropfen lassen. Kirschen, Basilikum und Konfitüre vermischen und auf dem Boden verteilen.

3 Für die Streusel Vollkornmehl mit restlicher Margarine, Joghurt, restlichem Zucker und Vanillezucker verkneten und auf dem Kuchen verteilen. Kirsch-Streuselkuchen im Backofen auf mittlerer Schiene ca. 40 Minuten backen, auskühlen lassen und servieren.

6 SmartPoints Wert 741 kJ | 177 kcal

Gestrudelter Frozen Yogurt mit Aprikosen

Für 4 Personen Fertig in 2 Std. 10 Min. Davon aktiv 15 Min.

600 g fettarmer Joghurt
1/2 Päckchen Vanillezucker
8 Aprikosen

1. Joghurt mit Vanillezucker verfeinern und unter gelegentlichem Rühren ca. 30 Minuten gefrieren lassen.
2. Aprikosen waschen, halbieren und Steine entfernen. Die Hälfte der Aprikosen pürieren und restliche Aprikosen würfeln.
3. Frozen Yogurt mit Aprikosenpüree marmorieren und weitere ca. 90 Minuten gefrieren lassen. Gestrudelten Frozen Yogurt mit Aprikosenwürfeln garniert servieren.

4 **SmartPoints Wert** 554 kJ | 132 kcal

Naked Cake mit Beeren

Für 8 Stücke   Fertig in 90 Min.   Davon aktiv 40 Min.

3 Eier (Größe M)
1 Prise Salz
95 g Zucker
2 Päckchen Vanillezucker
60 g Mehl
1/2 TL Backpulver
125 ml Cremefine zum Aufschlagen
2 Päckchen Sahnesteif
500 g Magerquark
200 g Heidelbeeren
150 g Himbeeren
200 g Erdbeeren
3 EL gehackte Pistazien

1 Backofen auf 180° C (Gas: Stufe 2, Umluft: 160° C) vorheizen. Eier trennen und Eiklar mit Salz und 60 g Zucker steif schlagen. Eigelb mit Vanillezucker und 20 g Zucker schaumig schlagen. Eischnee daraufgeben, Mehl und Backpulver dazugeben und alles unterheben.

2 Teig in einer mit Backpapier ausgelegten kleinen Springform (Ø 18 cm) verstreichen, im Backofen auf mittlerer Schiene ca. 20 Minuten backen und ca. 30 Minuten auskühlen lassen. Für die Creme Cremefine steif schlagen und dabei Sahnesteif einrühren. Quark mit restlichem Zucker verfeinern, Cremefine unterheben und Creme ca. 30 Minuten kalt stellen.

3 Beeren waschen, trocken tupfen und Erdbeeren halbieren oder vierteln. Biskuit waagerecht zwei Mal durchschneiden. Oberen Biskuitboden mit einem Drittel der Creme bestreichen und mit einem Drittel der Beeren belegen. Zweiten Biskuitboden daraufsetzen und ebenso bestreichen und belegen. Restlichen Biskuitboden daraufsetzen, mit restlicher Creme bestreichen und mit restlichen Beeren garnieren. Naked Cake mit Pistazien bestreut servieren.

7 **SmartPoints Wert** 1013 kJ | 242 kcal

Wusstest du schon?

Als „Naked Cake" bezeichnet man eine gestapelte Torte, die nicht mit einer Creme ummantelt ist, sodass der Biskuit zu sehen ist.

Vanillecreme mit Johannisbeerpüree

Für 8 Personen Fertig in 30 Min. Davon aktiv 15 Min.

1 Vanilleschote
250 g Johannisbeeren
125 ml Cremefine zum Aufschlagen
500 g Magerquark
2 EL Zucker

1 Vanilleschote längs aufschneiden und das Mark herauskratzen. Johannisbeeren waschen, trocken tupfen, pürieren und durch ein Sieb streichen. Cremefine steif schlagen.

2 Quark mit Zucker und Vanillemark verrühren und Cremefine unterheben. Vanillecreme in kleine Gläser (Inhalt ca. 160 ml) füllen, Johannisbeerpüree daraufgeben und ca. 15 Minuten kalt stellen. Vanillecreme mit Johannisbeerpüree servieren.

3 **SmartPoints Wert** 408 kJ | 98 kcal

SmartPoints Register

								Seite
0	Asiatischer Krebssalat mit Mango					●		79
	Hackbällchen-Salat			●	●	●		71
	Riesengarnelen nach portugiesischer Art					●		16
	Spargelsalat mit Linsen und Lachs			●		●		60
	Zucchininudeln im Glas	●		●		●		67
1	Grüne Gazpacho im Glas	●	●		●	●		87
	Kabeljau mit Currycreme			●		●		40
2	Würzige Kokos-Garnelen auf Mangosalat			●	●	●		64
3	BBQ-Steaks mit Gemüse			●	●	●		11
	Gegrilltes Gemüse mit Halloumi	●		●				15
	Salatschiffchen süß-sauer				●			55
	Spinatquiche	●				●	●	47
	Vanillecreme mit Johannisbeerpüree	●				●		107
4	Gestrudelter Frozen Yogurt mit Aprikosen	●		●		●		100
	Gurkenröllchen mit Guacamolecreme	●				●		75
	Hähnchensalat mit gegrilltem Pfirsich und Guacamole			●	●	●		56
	Heilbutt mit Zitronensauce und Ofenspargel					●		24
	Rosmarin-Lamm-Spieße					●		28
5	Crêpes mit Himbeer-Bananen-Eis	●				●		92
	Gebratener Tintenfisch mit Salatmix					●		39
	Surf-and-Turf-Salat			●	●	●		72
6	Buddha-Bowl mit Süßkartoffeln	●	●	●	●	●		63
	Bunter Couscoussalat	●	●		●	●		84
	Geflügelburger mit Schafskäsecreme					●		44
	Hähnchen-Nudeln mit Gemüse				●	●		31
	Hähnchen-Pita mit Salat					●		68

einfrieren

Die Kennzeichnung wie zum Beispiel „vegetarisch“, „vegan“, „gluten-“, „laktose-“ oder „nussfrei“ bei den Rezepten ist rein informativ und nicht verbindlich. Es liegt in der persönlichen Verantwortung zu prüfen, ob die verwendeten Lebensmittel die Anforderungen erfüllen.

Alphabetisches Register

R

S

V

W

Z

Impressum

Redaktion
WW Deutschland
Claudia Braun, Iris Hermann, Ewa Tacke, Claudia Thienel

Rezepte & Realisierung
Food Professionals Köhnen GmbH, Sprockhövel
Silke Höpker, Insa Weißpfennig, Dennis Webers

Fotografie
Klaus Arras, Michael Bernhardi, Florian Bonanni, Carsten Eichner, Jan Jankovic, Tobias Pankrath, Dirk Przibylla, Hubertus Schüler, WW International

Foodstyling
Myriam Banderob, Ingo Breuer, Katja Briol, Marc Fleischer, Maren Jahnke, Thomas Lauterbach, Stefan Mungenast, Anne Rogge, Jörg Schmitz, Katharina Wetjen, WW International

Bildnachweise
WW International

Gestaltungskonzept & Grafik
Niehaus Knüwer and friends GmbH
Werbeagentur, Düsseldorf
Food Professionals Köhnen GmbH, Sprockhövel

Druck
paffrath print & medien GmbH, Remscheid

1. Auflage 2019

WW Coin Logo, SmartPoints, Points, ZeroPoint und WW Healthy Kitchen sind eingetragene Marken von WW International, Inc.
© 2019 WW International, Inc.
Alle Rechte vorbehalten.
Der Nachdruck sowie die Verbreitung, auch auszugsweise, in jeder Form oder Weise dieses Buchs ist nur mit vorheriger schriftlicher Genehmigung des Herausgebers erlaubt.

WW (Deutschland) GmbH
www.ww.com
Info-Hotline 0211-3805 3813
ISBN 978-3-9819029-9-0

PEFC zertifiziert. Dieses Papier stammt aus nachhaltig bewirtschafteten Wäldern und kontrollierten Quellen. www.pefc.de